La Science de la Prière

UNICURSAL

Copyright © 2017

Éditions Unicursal Publishers
www.unicursalpub.com

ISBN 978-2-924859-20-9

Première Édition, Yule 2017

ERNEST E. WOOD

La Science de la Prière

Classiques Théosophiques

UNICURSAL

PRÉFACE DE L'ÉDITEUR

Cette brochure est le résumé d'une série de confé-
rences données par l'auteur en l'église Saint Aubain
(Église Catholique Libre) à Sydney, Australie, en
1925. Certains enseignements sur la concentration et la
méditation ont été adaptés de son livre Concentration,
dont on dit qu'il a été édité à plus d'un quart de million
d'exemplaires en diverses langues. Le Professeur Wood
était, jusqu'en 1924, le directeur du Sind National
College, Hyderabad, aux Indes. Il vint à Sydney pour
un cycle de conférences qui dura cinq ans. Il a été l'objet
des plus hauts honneurs des Indous pour la promotion
qu'il a faite de la science sanscrite.

Dans La Science de la Prière, le Professeur Wood
apporte une contribution intéressante à la pensée
Catholique Libérale, en unissant le culte cérémoniel de
l'Église aux méthodes immémoriales du Yoga oriental,
et bien que son enseignement ait été condensé dans ce
petit manuel, qui a prouvé être de la plus grande va-
leur pour les membres de notre Église.

CHAPITRE PREMIER

DES VARIÉTÉS DE LA PRIÈRE

§ 1. L'Appel de notre temps

Nous vivons à un âge qui demande des décisions fermes. La vie, pour la plupart d'entre nous, n'est plus jalonnée par nos prédécesseurs, comme elle l'était il y a un siècle; alors, tout ce qu'un homme ou une femme avait à faire était de vivre gracieusement dans la sphère, comme on disait alors, dans laquelle le bon plaisir de Dieu l'avait appelé(e). Aujourd'hui, chacun de nous doit faire face à une grande variété de possibilités de vie, et il doit décider pour lui-même ce qu'il fera de ses énergies et de son temps, ce qu'il fera de lui-même, du cours qu'il va donner à son existence.

Ceci est vrai dans chaque domaine. Les écoles et les collèges offrent à leurs étudiants un grand choix de branches pour l'étude et la pratique de la science. Dans le commerce, il existe littéralement des milliers d'occupations de nos jours, par exemple le trempage d'un acier spécial qui n'est utilisé que pour une seule pièce d'un certain type de moteur d'automobile est devenu une profession en elle-même. Dans la vie privée, pendant les heures de loisir qui sont plus nombreuses que dans le passé, tant d'opportunités existent de lire, de voyager, de se détendre et de se cultiver. Dans toutes ces choses, celui qui n'a pas pris de décision, qui n'a pas choisi de suivre un chemin déterminé, dérive ici et là, vers une vieillesse pleine de déceptions et de regrets.

§ 2. La Religion comme une Science

Parmi ces décisions qu'il nous faut prendre, aucune n'est plus vitale que celle qui répond à la question : "Quelle est la part que la religion va prendre dans ma vie?". Beaucoup disent qu'ils n'en ont pas besoin, parce qu'ils peuvent trouver la vérité et la bonté sans aucune aide, et ils pensent qu'étant donné les circonstances, ils peuvent faire confiance au futur et que tout s'arrangera de soi-même. Ils ne réalisent pas que la religion est une science.

La religion s'occupe des lois de la vie, exactement comme la chimie s'occupe des lois qui gouvernent les relations entre les atomes et les molécules. Tout comme cette dernière science a permis à l'humanité de produire des matériaux et des objets d'une grande utilité et d'une grande beauté, la première peut enrichir et élargir les relations d'homme à homme, et entre l'homme et ce coeur du monde qui est Dieu ; et produire, en son temps, une humanité nouvelle qui, comparée à la nôtre, nous fera apparaître comme archaïques au-delà de toute imagination.

Les meilleures formes de la religion ont toujours demandé notre allégeance à certaines lois spirituelles, qui étaient sans doute aussi claires que le soleil de midi à la vue des prophètes et des instructeurs qui les ont formulées, mais elles ne sont que vaguement perçues par les autres hommes. Ces lois disent: "Vis pur, dis et pense vrai, aime ton prochain comme toi-même, et suis le Roi du monde".

Lorsque les gens ont mis ces choses en pratique, lorsqu'ils ont obéi à ces lois, ils ont toujours découvert leur propre valeur, mais ils ne l'ont jamais découverte par aucune autre méthode. Ce n'est qu'à partir du moment où la science séculière a adopté la devise de la vérité, qu'elle a pu ériger la plus grande structure de connaissances qui ait jamais été assemblée dans notre civilisation ; avant cela il était courant d'écrire l'histoire naturelle, la géologie ou l'astronomie d'une manière fantaisiste, à peu près comme on écrit un roman moderne. Jusqu'à ce que les hommes aient commencé à faire de leur mieux, étant véridiques dans leur pensée et honnêtes dans leurs travaux, insatisfaits de toute condition inférieure, ils n'ont pu produire des grandes machines, ni des livres, ni des bâtiments. La recherche de la vérité a porté ses fruits qui sont les grands pouvoirs et l'abondance de la vie humaine moderne. Ainsi, l'un des domaines de la religion, c'est-à-dire la foi dans la vérité, s'est justifiée d'elle-même dans la vie pratique. Nous sommes incapables de fournir une estimation de ce que cette foi dans la vérité a accompli aussi bien pour le développement du mental de l'homme que pour sa volonté.

§ 3. La Loi d'Amour

Le Christ appelle l'homme au même genre de foi dans la vérité, mais en y ajoutant l'amour. Son enseignement porte sur la science de la vie d'une manière intensément pratique. Ce que la confiance que nous avons dans la pensée et la vérité accomplit dans la sphère du pouvoir, en restaurant notre vie d'homme en harmonie avec les énergies puissantes et les lois du monde matériel qui sont invisibles, mais bien réelles ; la confiance que nous avons dans l'amour, l'entretien de sentiments heureux et généreux envers tous, engendreront sans aucun doute l'harmonie dans le monde des hommes, et libèreront les énergies et les lois de la fraternité pour le service de l'humanité. Mais la foi doit d'abord être présente, car le pouvoir de Dieu oeuvre à travers nous depuis l'intérieur, et notre salut ne peut nous être imposé, ni forcé de l'extérieur de nos corps.

Cette fraternité, qui est très puissante, peut être vue de plusieurs façons, même au stade de débutant qui est le nôtre à présent. Une idée qui est développée par un seul homme peut bénéficier plusieurs milliers d'autres hommes : ce fut le cas d'Elias Howe, l'inventeur de la machine à coudre ; de Crompton, qui assembla la première machine à filer la laine ; ou d'Edison, qui trouva le moyen d'envoyer plusieurs télégrammes simultanément sur la même ligne. Aujourd'hui, trente hommes travaillant la terre peuvent produire une récolte suffisante pour en nourrir plusieurs milliers d'autres ; comparativement, peu de personnes travaillant dans une usine moderne peuvent produire une quantité de vêtements qui auraient demandé dix- mille ouvriers-tailleurs expérimentés ; et dans un état de fraternité, une partie du travail de milliers de gens peut retourner vers eux, par toutes les inventions et les produits de l'ingéniosité et de l'art modernes. Si les hommes travaillent en harmonie, donnant et recevant, cette fraternité multipliera des milliers de fois les fruits du labeur humain. Il est impossible de prédire la gloire de la structure de la société humaine future, ni les pouvoirs qui enrichiront et élèveront l'âme humaine, lorsqu'elle sera un jour ou l'autre introduite dans ce département de la foi.

§ 4. La Loi de la Dévotion

La Dévotion envers Dieu fait partie de cette science. Il nous est facile de devenir semblables à ce que nous voyons, et si l'être humain ne devient pas rapidement semblable à Dieu, c'est surtout parce que ses yeux ne voient que très peu de choses des lois spirituelles. Parfois, la vue de la beauté glorieuse d'une scène naturelle peut ouvrir une nouvelle fenêtre de l'âme, par laquelle la lumière créatrice du soleil du monde spirituel pénètre le coeur et le touche par l'extase de la vraie vie. Parfois la vue d'un caractère noble, ou d'un acte héroïque ou altruiste, peut tellement nous enthousiasmer, que nous quittons notre soi inférieur pour nous élever vers un soi meilleur qui est toujours dans la lumière. Sir Alfred Russel Wallace le dit si bien : "L'amour de la vérité, l'enchantement de la beauté, la passion de la justice, la force de l'exaltation avec laquelle nous répondons à un acte courageux de sacrifice de soi, sont l'oeuvre d'une nature plus élevée qui est en nous et qui ne s'est développée que par l'effet des combats de l'existence matérielle".

Le fait est que Dieu est partout ; et lorsque la dévotion pourra s'éveiller en nous à la simple vue de la merveille d'une banale feuille d'arbre, nous aurons appris, dans un moment de bonheur, le secret de Sa Présence. Cette possibilité que nous avons de conserver ces meilleurs moments, de les étendre à quelques heures, à plusieurs jours, à plusieurs années jusqu'à ce qu'elles deviennent pleines de la lumière éternelle, appartient à la science de la religion.

§ 5. Les deux espèces de Prière

La Religion ayant été définie comme la science de l'âme humaine, qu'allons-nous dire de la prière ? Le mot vient étymologiquement du Latin *precari*, qui signifie demander ou mendier, et rien de plus ; mais le sens du mot a changé graduellement sous l'influence des purs dévots qui ont orné occasionnellement les pages de l'histoire religieuse, jusqu'à ce que le mot ait acquis une signification plus noble.

Il y a en fait deux espèces de prières : la prière de peur et la prière d'union. Ceux qui le craignent ne connaissent pas Dieu ; ils en ont fait une image qui est la leur et y ont accroché ce nom. Pour certains d'entre eux, Dieu est une terreur. Ils ressemblent fort aux habitants de certains villages éloignés et primitifs, qui font des sacrifices d'animaux, et même parfois d'enfants, dit-on, en dehors de leur barricade, pour apaiser l'appétit d'un tigre de la jungle, qui pourrait entrer dans le village, la nuit ou même le jour. Pour d'autres, Dieu est une énorme puissance résidant en-dehors du cours normal des choses, dont on peut invoquer l'intervention dans les difficultés et les dangers de la vie ; ceux-là demandent la sécurité et le confort du corps. Pour un troisième groupe de gens, Dieu est une puissance

qu'ils peuvent invoquer pour obtenir la force intérieure pour supporter ou conquérir les difficultés et
les troubles du monde ; ils ne s'attendent pas à être
exaucés en toute chose. Toutes celles-ci sont des
prières de peur, qui trouvent leur origine dans la
conception d'un Dieu qui n'est pas présent partout
dans Son univers.

§ 6. Les Prières d'union

Les prières d'union peuvent aussi être classées
en trois catégories. D'abord viennent les prières
de ceux qui réalisent que le monde est le champ
de Dieu dans lequel prend place l'évolution humaine. Nous pourrions l'appeler : l'école de Dieu
pour l'homme, nous souvenant toujours que cette
école est de loin supérieure aux écoles ultramoder-
nes qui se bornent à la simple instruction relative
aux faits et aux choses ; l'école de Dieu est dédiée
à la formation du caractère, au développement des
pouvoirs de la conscience, de la volonté, de l'amour
et de la pensée de ses élèves. Le monde de Dieu est
un monde changeant, dans lequel l'âme humaine
subit un nombre infini de stades de développement que nous pouvons justement appeler évolution ou progrès. L'homme ne peut pas vivre dans

ce monde sans devenir lui-même, petit à petit, un peu plus semblable à la meilleure image de Dieu qu'il est capable de concevoir.

Réaliser que Dieu a un plan pour l'évolution de l'humanité, et y travailler parmi les gens que nous rencontrons, est une forme de prière. C'est accomplir ce qu'Il accomplit : c'est se placer sous Sa Loi. Il est dit que Dieu est Omnipotent, Omniscient et Omniprésent. L'homme, dans une certaine mesure, possède le pouvoir, la connaissance et la présence. Pour cela, l'être humain fait partie de Lui, et le travail qu'il fait pour Lui, en accord avec Sa Loi, est une prière faite avec les mains et les pieds, aussi bien qu'avec la pensée et qu'avec les lèvres.

§ 7. L'Aspiration

Une seconde forme de prière d'union est la prière d'aspiration. L'être humain a un désir intarissable qui le guide vers une vie plus pleine. Certains la cherchent dans la richesse et la gloire, mais d'autres l'obtiennent par une sympathie généreuse qui ajoute la vie d'autres personnes à la leur. Celui qui sait ce qu'est l'amour ne désire aucune possession pour lui-même : il éprouve plus de joie à voir les autres être en leur possession. Il partage donc un peu plus de la vie de Dieu qui est Une avec tout ; il en ressent l'extase et son aspiration est un désir constant d'entrer de plus en plus profondément dans la joie du Seigneur ; car le bienêtre des autres est la source même de son désir.

§ 8. La Gratitude

La troisième forme de la prière d'union est l'extase de gratitude. Le vrai dévot sent la présence de l'amour de Dieu dans le monde. Tout comme le savant peut affirmer qu'aucune particule de matière n'est libre des lois de la nature, mais qu'il existe un système et un ordre universel ; ainsi le dévot déclare qu'il n'existe aucune circonstance ou évènement de la vie qui ne contienne l'amour de Dieu, qui ne conduise l'homme vers la perfection et le bonheur. "J'abandonne mes préférences et mes aversions", dit-il, "Pourquoi devrais-je dire qu'une chose est bonne parce que je l'aime ; ou qu'elle est mauvaise parce que je ne l'aime pas ? Mon plaisir et ma douleur ne forment pas un jugement équitable de la valeur des choses ; mais il existe un bonheur indescriptible et un profit infini lorsque l'on voit partout l'amour de Dieu et que l'on accepte tout comme étant utile et venant de Sa main". Nous connaissons bien des exemples, dans l'histoire de la religion, de ces personnes qui ont accepté tout de la vie, qui étaient parfaitement heureuses de ce qu'elles acceptaient, étaient pleines de gratitude, pleines d'aspiration pour sentir de plus en plus, sentant pleinement et constamment la Présence de Dieu. De telles personnes sont prêtes à accepter le monde tel que Dieu l'a fait, d'en faire le plus grand usage, de Le reconnaître dans ce monde, de garder le contact avec le monde intérieur aussi bien qu'avec le monde extérieur ; en bref, elles cherchent à vivre le plus intensément et le plus pleinement qu'il soit possible de vivre.

La prière de tels dévots est une gratitude perpétuelle ; elle fait elle-même partie de leur récompense dans le sens que les choses et les gens perdent la possibilité de les blesser et de leur nuire. Ils n'ont plus besoin des leçons de la douleur, parce qu'ils les absorbent avidement dans l'amour. En eux, l'amour parfait a chassé la peur.

§ 9. La Prière Collective

Toutes les formes de prière décrites plus haut peuvent être soient individuelles, soient collectives. Des peuples primitifs peuvent s'assembler pour exorciser des dangers imaginaires comme, par exemple, des villages entiers qui s'assemblent parfois pour battre des tambours et faire des bruits horribles qui sont censés chasser le démon qu'ils croient être en train de dévorer le soleil pendant une éclipse. Certains peuples s'assemblent pour demander la pluie pendant la sècheresse, ou pour la faire arrêter pendant les inondations, ou dans une guerre, de chaque côté d'une ligne de feu pour leur victoire et pour la défaite de l'ennemi. Ces supplications primitives me rappellent irrésistiblement le proverbe japonais :

> Le fermier prie pour la pluie,
> La lavandière pour le soleil.
> Si toutes leurs prières n'étaient vaines,
> Le monde en serait défait.

Mais des gens s'assemblent aussi pour des prières d'union avec le Dieu présent dans Son oeuvre, c'est ce que nous voyons dans les services de l'Église Catholique Libre et dans des organisations semblables. Nous entendons souvent le Clergé et les fidèles appeler ces services "notre travail" ou le "travail de l'Église". Le terme "travail" est tout-à-fait approprié, parce qu'il décrit une action accomplie avec une intention. Le travail est une forme d'activité particulière à l'être humain; les animaux agissent, mais l'être humain travaille: ses actions sont faites avec un but précis.

§ 10. Le Pouvoir de la Pensée

La science psychologique moderne nous facilite la tâche pour comprendre pourquoi les rituels et les dévotions collectives de l'Église sont à la fois un travail et un service. De nos jours, on connaît beaucoup de choses sur l'influence qu'ont nos pensées sur nos esprits et nos corps, ainsi que sur notre environnement et notre prochain. Il n'entre pas dans le cadre de cette étude d'entrer dans de longues argumentations sur ce sujet; mais l'on peut dire que dans l'Église Catholique Libre, et dans de nombreux sanctuaires d'autres églises, la dévotion et le rituel religieux commencent d'éveiller des intérêts nouveaux et demandent un respect et une attention nouveaux, parce qu'ils commencent à être vus comme incorporant l'usage d'énergies qui ont été longtemps ignorées par le Christianisme. Il me parait donc suffisant d'en faire ici le résumé.

Notre façon de penser développe incontestablement notre caractère. Ce que nous serons la semaine prochaine et les années qui viennent, dépend des pensées de notre esprit d'aujourd'hui et de demain. Dans ce sens, beaucoup de gens se trouvent à un carrefour, sur le chemin de la vie. S'ils vont vers la droite et choisissent ce qui est bon, ils seront demain des êtres de bon caractère ; s'ils se tournent de l'autre côté et entretiennent des pensées méchantes et impures, même dans une faible mesure, ils auront pris le sentier de la main gauche et on les retrouvera plus tard dans leurs vies comme des gens au caractère faible et aux moeurs dissolues, n'ayant acquis que bien peu des trésors qui ont une valeur permanente pour l'âme. Une phrase telle que celle de l'ivrogne : "Juste un autre verre, un seul" est une pensée indigne qui est parfois tolérée dans la vie de la pensée. Mais il y a aussi un côté positif. La pensée peut être utilisée comme un instrument précis dans la construction d'un caractère beau et fort, un travail aussi précis que celui d'un architecte pour la construction d'une maison.

On commence à comprendre l'influence qu'a la tournure de l'esprit sur le corps humain. Un mental jeune garde le corps jeune ; celui qui réfléchit sur son âge et sa décrépitude, use son corps trop tôt. La bonne humeur et la dépression peuvent changer l'apparence du corps, comme la tempête change les arbres Grampians des jardins de Ceylan, mais elles agissent sur le corps entier par les systèmes nerveux et glandulaire. D'anciennes pensées d'hier ou du passé continuent à languir dans l'arrière-plan de la pensée, souvent au-delà de la conscience. Elles prédisposent le corps à la maladie ou à la santé, à la faiblesse ou à la force.

De plus, les esprits humains communiquent constamment d'une manière anarchique. À l'image de messages radiophoniques qui sont transmis d'une manière invisible par l'atmosphère et sont captés par chaque récepteur qui est accordé à leurs vibrations ; ainsi l'esprit humain transmet tout autour de lui — et spécialement vers ceux à qui il pense — des messages qui tentent à éveiller les autres esprits pour de semblables activités. De même qu'une personne dont les vêtements ou la demeure est malpropre est une source d'un danger physique pour la santé des autres ; ainsi une personne ayant un esprit occupé par des émotions et des pensées impures ou égoïstes est un danger pour la santé émotionnelle ou mentale de nombreuses autres personnes. Cette télépathie est universelle. Les personnes sensitives sont souvent conscientes des pensées des autres ; lorsque nous sommes ensemble et que nous nous parlons, nos dieux intérieurs se saluent.

Ce pouvoir de la pensée est une force réelle, aussi précise que l'électricité, qui elle aussi est invisible et qui fut aussi longtemps inconnue. Dans le travail de l'Église, cette énergie peut être bien plus puissante que dans la vie individuelle et peut accomplir des tâches bien définies, parce que plusieurs personnes pensent et sentent en même temps. J'ai très bien connu un groupe de gens déterminés à trouver la vérité en ce qui concerne la télépathie. Ils avaient décidé que leur première expérience serait de former ce qu'ils appelaient "une batterie d'esprits". Ces personnes se réunirent dans une pièce. Chacune d'elles, à tour de rôle eut les yeux bandés, tandis que les autres se concentraient tous sur un objet simple et essayaient d'en transmettre l'image. L'effet de leurs pensées réunies était tel que dès leur première réunion, un pourcentage important de transmissions furent réussies, et certaines personnes étaient capables de recevoir correctement la pensée à chaque tentative.

Quelques centaines de personnes dans une église, pensant ensemble, forment une énorme batterie d'esprits. Les résultats physiques de telles actions sont nombreux. Par exemple, un capitaine conduisant une compagnie de soldats sur un pont leur commande de rompre le pas, car la répétition rythmique de leurs pas cadencés pourrait créer une vibration telle que la structure du pont pourrait se démanteler. L'usage de l'ancien bélier de combat utilisé par les Indiens d'Amérique est vu comme un exemple d'une chose accomplie par un certain nombre de personnes agissant de concert, et qui serait impossible à faire par un nombre bien plus grand de personnes agissant séparément. Une vingtaine d'Indiens pouvaient prendre un tronc d'arbre et le pousser en avant pour briser la porte d'une maison; mais si ses occupants arrivaient à en abattre seulement quelques-uns, le tronc d'arbre tombait sur le sol, car les autres étaient incapables d'en supporter le poids.

§ 11. L'Effet Cumulatif

Il existe encore une autre source d'énergie puissante dans les services de l'Église. Ces services ont été arrangés de telle manière que la plus grande partie de cette énergie-pensée est destinée à s'amplifier jusqu'à ce que le moment critique survienne où elle est libérée comme la flèche d'un arc et s'en va dans le monde, apportant un nouvel espoir et un courage nouveau, la consolation, la paix, et toutes autres bonnes choses aux esprits de milliers de gens qui résident dans les environs de l'église.

§ 12. L'Usage du Rituel

Les étudiants du rituel ajoutent encore une dimension à ce qui précède, et déclarent que non seulement les prêtres et les congrégations sont actifs en de telles occasions, mais que des êtres invisibles participent au travail avec une énergie qui est bien supérieure à celle des hommes [voir "La Science des Sacrements", par Mgr Leadbeater]. Il n'est pas difficile de réaliser, de comprendre, que de tels services offrent une opportunité toute particulière de coopérer avec des êtres dans les mondes intérieur et extérieur, une opportunité qui est très différente de ce que l'on peut appeler la magie du rituel lui-même. On peut donc dire avec certitude que chaque dévot, priant par ce travail, accomplit beaucoup plus, par ce canal de forces surhumaines, qu'en temps ordinaire.

Beaucoup de gens perçoivent l'enthousiasme généré par de telles choses. En certaines occasions elles deviennent conscientes d'un déversement d'énergie bien plus grand que le leur. On peut donner ici l'exemple du transformateur électrique. Le courant électrique est transporté sur des centaines de kilomètres d'une centrale située près d'une grande chute d'eau jusqu'à la ville où il fera son travail. Il passe par des câbles à haute tension qui brûlerait les appareils, les fils électriques des maisons ou des autres instruments qui y seraient directement connectés ; ensuite le courant passe d'abord par une station de transformation, puis par un transformateur puissant qui fournit un courant électrique à un voltage plus bas.

L'homme ou la femme dont la dévotion a développé sa spiritualité peut très bien être capable de recevoir des énergies de pensée puissantes qui seraient bien trop fortes pour d'autres, mais ces énergies sont transformées en passant par eux et se déversent sur le monde, en plus des énergies mentales qu'il sont capables d'y ajouter. Une telle personne, comme chaque autre personne dans la congrégation, est probablement capable, sous l'effet de la stimulation du service, de penser avec une énergie beaucoup plus grande qu'en d'autres circonstances. L'attitude conventionnelle de la prière, les sons, les formes et les gestes très beaux jouent tous leur rôle. Ces choses agissent comme pour quelqu'un qui est loin de chez soi, qui espère que de penser à ceux qu'il aime, qu'il a laissé en arrière, peut aider son imagination par l'usage de photographies ou de petits souvenirs ; de la même manière, mais à une plus grande échelle, la dévotion et l'énergie mentale peuvent stimuler le dévot pendant de son travail dans l'église.

On comprend alors que le terme "service" est tout à fait approprié. Il existe un véritable service de l'humanité, aussi bien que de Dieu. Il n'est pas du tout certain que nous puissions faire quoi que ce soit pour servir Dieu directement. Mais par la prière d'aspiration et de gratitude, lorsque l'être humain Lui ouvre son coeur et accepte le monde pour sa propre éducation, dans l'esprit dans lequel Il le lui a donné, il avancera Son plan, et ainsi Le servira.

§ 13. Le Travail de Dieu est aussi un Jeu

Cette expression "travail" est peut-être un tout petit peu inadéquate dans ce contexte, bien qu'il décrive clairement qu'une action a été prise d'une manière définie et dans un but précis. On ne devrait absolument pas y associer l'idée de corvée ou de labeur, mais ce travail devrait ressembler au travail de l'artiste ou du scientifique — un plaisir, un jeu, un exercice joyeux des fonctions de la vie. En effet, certaines personnes religieuses affirment que Dieu ne travaille pas, mais qu'Il joue. Si notre activité physique est bien organisée, tout notre travail devrait avoir ce caractère. Il n'y a pas de différence essentielle entre le travail et le jeu. C'est un jeu tant que l'on ne doit pas exercer ses pouvoirs contre sa volonté, ni que l'on n'a pas dépassé la frontière de la fatigue.

Je vais illustrer le point de rencontre du travail et du jeu par les mots croisés, qui ont capté l'imagination du public et offrent une certaine satisfaction à des millions de gens. Leur popularité a plusieurs raisons. La première est qu'ils provoquent un peu d'activité mentale, là où sans eux il pourrait n'y en aurait aucune ; et ceci est une source de contentement parce que cette activité donne l'impression d'une vie plus intense. La seconde raison est que l'effort est soutenu tout le temps à l'aide de la grille imprimée. Et enfin qu'ils n'exigent pas un effort mental ou de mémoire qui soient compliqués, ni prolongés. C'est pour des raisons semblables que certaines personnes sont capables d'avoir des idées intéressantes pendant une conversation ou une discussion, mais trouvent leur mental vide dans l'intimité de leur appartement. Il peut y avoir une autre cause : une vague de pensée qui déferle dans l'atmosphère et qui pousse de nombreux esprits devant elle. L'esprit humain est grandement influencé par de telles vagues, ce phénomène est illustré par la façon dont les gens suivent les modes successives — celles-ci semblent belles tant qu'elles durent, parce que la pensée du temps accentue certains aspects particuliers de la beauté, tout en négligeant et parfois détruisant ses autres formes. Ces choses surviennent par vagues ; bientôt les mots croisés vont disparaître, comme d'autres jeux ont disparu, et ils seront remplacés par d'autres choses, et chaque fois ils attireront l'intérêt de l'être humain, parce qu'ils unissent le travail et le jeu.

Si l'on accepte le travail de l'Église comme un jeu aussi bien que comme un service, on en ôtera toute tension et tout effort ; et bien loin d'en diminuer l'efficacité, on augmentera son pouvoir de dévotion et de pensée. L'association de la tristesse et du chagrin à la religion est une tradition néfaste, et ceux qui savent quelque chose de la manière dont ces choses fonctionnent, réalisent que chaque service devrait toujours être plein d'une effervescence heureuse, une expansion du coeur et de l'esprit, de force, être un triomphe, une joie, une victoire.

CHAPITRE SECOND

DE L'IMAGINATION

§ 1. L'Imagination est nécessaire

Observez ce qui se passe lorsqu'un organiste joue. Chaque fois qu'il appuie sur une touche, une note résonne instantanément. De même, chaque fois qu'une personne entend, ou lit, ou pense un mot, une forte pensée, claire et brillante, devrait surgir dans son cerveau. Mais le fait-elle ? Je crains bien que dans la plupart des cas, l'orgue dont joue cette personne est une chose faible et silencieuse ; mais même lorsqu'il a un peu de voix, il ressemble à un instrument dont certaines notes sont cassées et d'autres mal accordées.

Une bonne prière ne peut pas être faite avec un mental de cette sorte, que ce soit une prière privée ou un Service de l'Église. Le culte dépend de nos pensées autant que de nos sentiments ; vous pouvez avoir une conception glorieuse de l'Être Divin, capable d'évoquer une émotion d'un haut niveau, sauf si le mental ne présente une conception élevée et vivante de la Divinité. Par l'exercice, chacun peut entraîner son imagination de telle manière qu'à chaque mot, ou à chaque idée incorporée dans des mots, une pensée véritable vienne à la vie, pour irradier le mental et en sorte pour servir du monde. Il y a autant de différence dans cet ordre d'idée, entre la condition ordinaire de l'être humain et celle qui devrait et pourrait être la sienne, qu'entre le ramassage et le tri de chiffons, et la joie de piloter un avion.

§ 2. Le Travail de la Congrégation

On a souvent dit, dans l'Église Catholique Libre, que les pensées de la congrégation sont parfois plus utiles que celles du célébrant, parce que ce dernier est occupé la plupart du temps par ses manipulations physiques et les formes précises des mots. Laissez donc les membres de la congrégation utiliser leur imagination, remplir l'église de pensées et de sentiments de dévotion, laissez-les, en quelque sorte, démarrer chaque pensée qui est contenue dans les mots prononcés par le prêtre et leur donner une vie brillante sur le plan mental. Prenez l'exemple du Confiteor. Le prêtre dit :

"Seigneur, Vous avez créé l'homme pour qu'il soit immortel et Vous l'avez fait à l'image de Votre propre éternité ; pourtant, nous oublions souvent la gloire de notre héritage, et nous nous écartons du sentier qui mène à la justice. Mais Vous, Seigneur, Vous nous avez créés pour Vous-même et nos coeurs ne trouvent la paix véritable qu'en Vous."

Le mot "Vous" appelle une image soudaine et claire représentant notre conception de la Divinité. Le mot s'évanouit en un instant, mais ce n'est pas une raison pour que nos pensées ne soient pas aussi vives que l'éclat de l'éclair, et qu'elles n'illuminent pas notre esprit comme l'éclair illumine la nuit. "Avez créé" : il y a deux pensées à considérer ici. "L'homme" : Combien de gens savent ce que signifie ce mot ? Que nous en connaissions le sens ou pas, faisons de lui la meilleure image dont nous sommes capables. "Soit" : ce mot contient plusieurs idées. "Immortel" : une autre grande idée. Et ainsi de suite, pas seulement pour tout le Confiteor, mais pour la plus grande partie de reste du service.

§ 3. Le bon usage de l'Imagination

On peut parfois utiliser l'imagination non seulement pour lancer les idées dès qu'elles sont formulées, mais aussi pour imaginer qu'un acte important a lieu, comme l'Absolution, que l'on peut imaginer comme un grand peigne de feu qui passe dans la congrégation, harmonisant toutes les pensées et les émotions des gens ou en accord avec l'objet de l'entreprise dans laquelle ils se sont engagés. Nous pouvons penser qu'un péché n'est pas une chose faite ou défaite à l'encontre de la loi spirituelle, mais comme un état d'esprit par lequel les pouvoirs spirituels sont mal utilisés, qui s'écarte de l'amour, de la vérité, et du courage, par les canaux d'égoïsme, d'indifférence et de paresse qui est la source de toutes sortes de péchés ou de crimes. Donc l'Absolution peut être vue comme peignant ces noeuds de buts contraires ébouriffés. On peut aussi la voir comme un grand aimant passant au-dessus d'un grand nombre de morceaux de fer, les changeant en petit aimant, les attirant et les alignant sur lui.

§ 4. Ce qu'il ne convient pas d'Imaginer

Il n'est pas nécessaire que j'entre dans plus de détails du service, sauf pour dire qu'il y a certaines choses qu'il ne convient pas d'imaginer lorsqu'elles arrivent. La lecture du livre *La Science des Sacrements* de Mgr Leadbeater rappellera par exemple que pendant que l'on chante ou dit le Kyrie, il se forme des formes en spirales qui s'érigent dans l'atmosphère subtile. Il n'est pas nécessaire de penser à cet effet, qui s'opère de soi-même ; mais il est nécessaire de déverser des pensées de gratitude et d'aspiration d'une façon vive pendant toute la durée de sa récitation, car ceci apportera beaucoup de matériaux qui entrent dans la construction de l'édifice.

Cette opération fonctionne d'une manière analogue aux opérations de la guérison par le mental. Si, par exemple, un coeur fonctionne mal et que vous êtes désireux d'utiliser le pouvoir de votre pensée pour aider le patient, vous n'essayerez pas de faire l'image d'un coeur parfait dans votre imagination ; il est plus que probable que si vous le faisiez, la connaissance imparfaite de cet organe que vous pouvez avoir, comme c'est le cas pour la plupart d'entre nous, vous ferait créer une nouvelle forme de désordre plutôt que d'améliorer la situation. Dans pareils cas, vous penseriez à la santé de cette partie de l'anatomie, et laisser les énergies de guérison du corps, qui travaillent sans cesse plus ou moins imparfaitement et en-dehors de l'atteinte de notre connaissance consciente, le soin de se diriger vers le coeur. La plus grande partie de l'effet de nos pensées, dans de tels cas, sert à ôter les obstacles à la santé, qui tendent à remplir inconsciemment notre mental, et ainsi fonctionner les énergies de guérison naturelles sans obstacle ni mauvaise direction.

§ 5. L'Imagination pendant la Lecture

Il existe de nombreuses manières de développer notre imagination, de façon à rendre notre esprit plus vivant. En lisant un roman, par exemple, on peut, à partir des idées du livre, créer des images concrètes et vives pour chaque détail de ses évènements. Lire un livre de cette manière prendra plus de temps qu'habituellement, mais après un peu d'exercice de cette sorte on aura l'agréable surprise de voir la rapidité avec laquelle le mental se met à travailler sans perte de clarté ni de vision large. Si le livre dit que Lord Algernon Fitznoodle monta dans sa limousine, nous pouvons, si nous le voulons l'habiller impeccablement de la tête aux pieds aussi bien que d'une façon telle qu'un passant lui offre cent sous pour qu'il porte ses bagages (ces deux extrêmes sont en vogue dans la littérature contemporaine), ou en restant plus proches de la réalité, si nous la connaissons. Mais nous devons créer un homme vivant, il doit entrer dans la limousine, non pas sauter ou simplement s'effacer, et ses actes seront ceux que l'histoire implique. Et l'on continuera ainsi pour toute l'histoire. Cette façon de lire par laquelle le lecteur avale avidement l'histoire dans sa hâte d'arriver à la fin, est aussi destructive pour le tonus du mental, que la pratique prudente de l'imagination ne lui est bienfaisante.

§ 6. L'Usage des Sens

C'est un défaut de notre condition présente, qui fait que l'usage de notre mental se fait presqu'exclusivement en rapport avec le sens de la vue. Nous faisons littéralement des images mentales, avec seulement des couleurs et des formes alors que nous devrions faire des "panceptions". Je crains qu'il s'agisse d'un néologisme, et particulièrement hybride, mais il est nécessaire pour décrire une forme mentale pleine de toutes les formes de perception sensorielle — ouïe, toucher, goût et odorat

(si c'est approprié), aussi bien que de la vue. Si vous
pensez à une orange par exemple, vous ne devriez
pas seulement penser à sa forme sphérique et à sa
couleur, mais aussi à son apparence intérieure, à
son poids dans la main, à la rudesse ou le poli de
son toucher (quelle que soit votre préférence dans
ce domaine), à son goût particulier et à son odeur.
Vous devriez toucher, sentir et goûter l'orange, et
non pas seulement la voir.

Je ne dirai rien de l'ouïe dans ce cas particulier, bien que les physiciens affirment que puisque
les particules de l'orange, comme les particules de
chaque autre corps, sont en mouvement perpétuel,
ils produisent donc un son, mais ce son n'entre pas
dans la gamme de ceux qui affectent notre oreille.
C'est un fait que de tels sons existent. Il y a un sif-
flement particulier par lequel on peut appeler les
bergers allemands (et peut-être aussi d'autres races
de chien). Lorsque vous soufflez dans cet instrument, ni vous ni personne n'entendent aucun son,
mais le chien, qu'il soit dans une autre pièce ou à
une certaine distance, dressera l'oreille immédiatement et viendra en courant et en sautant au lieu
exact d'où le son est parti. Il y a peut-être donc
quelque vérité dans la vieille histoire disant que
si l'on veut attraper un lapin, il faut aller dans les

champs, se cacher derrière une haie, et faire le bruit d'une carotte! Cependant, il n'est pas nécessaire d'entrer dans de telles subtilités dans nos exercices d'imagination.

Une autre tendance de l'esprit est de créer des images statiques, qui n'ont même pas le mérite d'être de jolies statues. Elles ressemblent trop à des diapositives, et pas assez au cinéma. Bien entendu, il convient de laisser immobiles les choses animées, mais il faut rendre mouvantes les choses mobiles dans le cas d'un arbre, les feuilles et les branches bougent sous l'effet du vent, les poissons nagent, les oiseaux volent, les gens marchent et parlent, et le ruisseau coule avec un murmure agréable et des éclairs de lumière.

§ 7. L'Usage des Symboles

L'usage des symboles est un grand stimulant de l'imagination, aussi bien qu'un composant de la magie rituelle. Un usage ancien est décrit dans des grecs célèbres. L'un d'entre eux, invité à parler du gouvernement, des finances, de la marine et de divers autres sujets, imagina d'abord une couronne pour représenter le gouvernement, une pièce de monnaie pour les finances, un bateau pour la

marine, et ainsi de suite; il imagina que ces objets
étaient placés près de l'entrée familière de sa maison, comme de nos jours nous pourrions placer la
couronne sur le paillasson, la pièce près du porte-
manteau dans le vestibule, et placer l'image du bateau sur un mur, un peu plus loin. Il se rappela ainsi parfaitement, aisément, et dans le bon ordre, les
choses dont il devait parler; les symboles, devenus
familiers, éveillèrent rapidement dans son esprit
les idées qu'il voulait utiliser. Ainsi, dans l'église,
la Croix devrait mieux nous rappeler le sacrifice
de notre Maître et le sacrifice de la vie universelle
dans l'immense mer de la matière. Pareillement,
un triangle nous rappelle la Trinité, les trois pouvoirs de la conscience (volonté, pensée, amour) et
les trois qualités de la matière (substance, énergie,
lois naturelles); l'étoile à cinq pointes la structure
de l'homme devenu parfait (physique, émotionnel,
mental, éthique et spirituel); les sept chandeliers
indiquent les sept Esprits devant le Trône, les sept
rayons de la Vie et les sept principes de l'être.

§ 8. Le Principe de la Beauté

Le monde moderne a tendance à considérer
que ce qui est grand est meilleur que ce qui est

petit, que ce qui est bruyant est supérieur à ce qui est doux, qu'une grande quantité de choses est supérieure à un petit nombre. Mais un peu d'observation et d'exercice dénonce cette croyance commune. Par exemple, après avoir résidé aux Indes de nombreuses années, je suis devenu coutumier des mélodies délicates du pays, et ne suis jamais plus parvenu à réajuster mon oreille à la violence des sons de la musique classique occidentale. Ce principe est surtout évident dans le monde des arts. Une grande quantité de peintures superbes et de beaux objets qui sont massés dans une pièce donnent un résultat hideux lorsqu'ils sont vus ensemble ; ils ressemblent à une pellicule photographique ayant été exposée deux ou trois fois par erreur. Je citerai, en rapport avec ce qui précède, la biographie de Madame Calvé, la chanteuse célèbre. Elle y parle d'une expérience qu'elle fit au Japon :

"Je fis près de Nagasaki, l'expérience intéressante de vivre plus de deux semaines avec une famille japonaise à laquelle j'avais été présentée par mes amis américains. Le chef de famille était un prêtre bouddhiste qui vivait avec sa soeur et ses neveux dans l'enceinte du temple qu'il desservait. Sa soeur m'offrit l'hospitalité d'une vraie maison japonaise. Ma chambre était simplement garnie d'une natte et de deux coussins. Une table à thé basse occupait l'un des coins de la pièce. C'était tout. La nuit, on m'offrait quelques coussins plus grands, sur lesquels on étendait des draps, une concession à mes habitudes occidentales, on dressait des panneaux de papier et j'étais chez moi!

Les nièces du prêtre parlaient le français et venaient chaque matin m'apporter des fleurs et des cadeaux. Elles m'apprirent à composer un bouquet et à exprimer une idée ou un sentiment par une ou deux fleurs arrangées avec soin. Une corole placée en une relation précise avec une autre signifiait une phrase bien définie. Ces jeunes filles étaient capables d'exprimer les vers de leurs poètes par l'arrangement et les couleurs de fleurs parfumées.

Elles m'apportaient chaque jour un bibelot, un objet d'ornement, qui ornait ma chambre pour la journée. C'était parfois une statue du Bouddha sculptée mille ans plus tôt; parfois un joli vase ou une pièce splendide gravée dans le jade. Elles le posaient avec précaution sur ma table, et nous l'admirions sous tous ses aspects.

Elles me montrèrent un jour l'endroit où tous ces objets étaient conservés.

— Pourquoi cachez-vous tous ces trésors de beauté ? m'exclamai-je. Ils pourraient tous être mis dans la maison, et nous pourrions les voir tout le temps.

— Quelle idée horrible ! répondirent-elles. Tout à fait barbare ! Comme ce serait ennuyeux d'avoir toutes ces choses autour de nous ! D'abord ce ne serait pas sain. Par-dessus tout, nous nous habituerions si rapidement à elles que nous cesserions de les admirer ou même de les voir.

N'est-il pas bien mieux de les prendre l'une à la fois, de les étudier individuellement et d'en apprécier la beauté délicate et le charme ? C'est la seule façon possible d'apprécier vraiment une oeuvre d'art."

Dans cette méthode japonaise, on voit l'emploi du principe de la répétition car un objet pris seul agit sur nous d'une façon répétitive jusqu'à ce qu'il soit remplacé par un autre. Nous aurons plus de bénéfice à lire et à relire quelques vers, que de lire page après page. C'est un tel système de répétition qui est utilisé dans les prières et les services de l'Église pour obtenir un effet permanent.

§ 9. Devenir comme un Petit Enfant

L'habitude de lire d'une façon négligente à tendance à détruire l'imagination qui est souvent très forte pendant la jeunesse, telle que nous l'observons souvent parmi les enfants, et parmi les peuples orientaux qui lisent moins, mais méditent plus. J'ai connu un médecin chinois qui me parla du plus grand plaisir de son existence. Pendant des heures de loisir, il s'asseyait confortablement dans son fauteuil et imaginait qu'il était au ciel ; et apparemment la vision qu'il en avait était presqu'aussi bonne que s'il y avait été réellement.

Je me souviens d'une histoire d'enfant. Deux petites filles parlaient de ce qu'elles voulaient devenir, une fois grandes. L'une dit : "Je deviendrai une mère de famille avec beaucoup d'enfants".

La deuxième petite fille, qui apparemment n'avait pas été élevée dans de bonnes conditions dit : "Je serai une maîtresse d'école, et tes enfants viendront dans mon école ; et je les frapperai, je les frapperai, je les frapperai.", ajouta-t-elle avec plaisir.

La première petite fille se mit à pleurer.

"Tu es horrible", dit-elle, "Mes enfants ne t'ont rien fait de mal, pourquoi les bats-tu comme cela ?".

Dans sa vive imagination, elle avait oublié que ses enfants n'étaient pas encore nés.

Il peut vous sembler que je me suis écarté du sujet des services religieux. Ce n'est pas le cas. Lorsque nous nous assemblons en une congrégation, rappelons-nous d'ajouter les fruits de notre imagination vive à la riche imagerie du rituel, d'ajouter les couleurs brillantes de notre esprit aux flammes de la richesse des formes et des sons afin que leur beauté invite le dévot à participer à un service sincère et à un travail exaltant.

CHAPITRE TROISIÈME

DE LA CONCENTRATION

§ 1. Concentration et Prière

Une partie importante de la Science de la Prière est la méditation. Pour pouvoir méditer avec succès, il faut d'abord avoir maîtrisé la pratique de la concentration. Cette pratique aussi renforce chaque faculté du mental, et apprend à se servir de ses pouvoirs avec une efficacité accrue. Ainsi la concentration est d'une grande aide pour toutes les formes de prière que nous avons étudiées, aussi bien que dans la vie journalière, dans laquelle une attention concentrée sur les affaires entraîne toujours le succès dans le monde du travail, aussi bien que dans celui de la pensée.

§ 2. Par où commencer

La concentration est le rétrécissement du champ de vision mental, qui permet à toute la lumière de la conscience de se concentrer pour un certain temps sur un objet choisi. En général, les gens considèrent que le mental est une chose assez mouvante, mais en réalité c'est l'attention qui est mouvante et qui se promène parmi les choses de l'esprit. Asseyez-vous tranquillement, fermez les yeux, faites l'image mentale d'un objet simple comme une pièce d'argent. Laissez votre oeil mental observer sa gravure ou son dessin, et pensez-y pendant trois minutes. Probablement, bien avant la fin de ce court laps de temps, vous trouverez que vous pensez à toute autre chose et que vous avez complètement oublié la pièce. C'est une expérience commune qui conduit les gens à dire que la concentration est difficile. Pourtant elle n'est pas aussi difficile que l'on croit, et on peut atteindre de bons résultats par un peu d'entraînement et une bonne attitude de l'esprit. Les suggestions suivantes vous aideront:

§ 3. Conseils pour se concentrer

D'abord, rappelez-vous de vous concentrer tranquillement. Aucune tension nerveuse ou musculaire, telle que la contraction des sourcils, des mâchoires ou des poings n'est absolument nécessaire pour la concentration ; en fait elle y fait obstacle et est néfaste à la santé. Une tension n'est pas un signe de concentration ni de pensée, mais bien un signe d'incapacité dans ces domaines. Les mêmes signes sont produits par un jeune enfant qui fait des efforts pour apprendre à écrire. Non seulement il tient le crayon trop fermement, mais en essayant de dessiner la forme d'une lettre avec la main, il tire la langue, tord ses jambes autour des pieds de sa chaise, se contorsionne de diverses manières et se fatigue très rapidement. Ceux qui connaissent la fameuse statue de Rodin *Le Penseur*, se souviendront d'un homme posant le menton sur le poing, le coude sur le genou dans un état de grande tension. Cette statue ne montre pas un penseur, mais plutôt quelqu'un qui essaye de penser et n'y arrive pas. Le mieux est de prendre des dispositions pour que le corps soit détendu avant de se concentrer, surtout les sourcils, la nuque et les yeux. En prenant cette précaution, on ne doit pas craindre que la concentration ne produise des maux de tête ou des troubles similaires.

Deuxièmement, les émotions devraient être détendues elles aussi. Il est très probable que pendant ces exercices, plutôt qu'en d'autres temps, les causes de souci se manifesteront, et forceront le mental à devenir plus inquiet que d'habitude. Combattre ces phénomènes pendant le temps accordé à l'exercice tend à les renforcer. La meilleure façon de les éviter est de les observer avec indifférence. Vous vous rappellerez quelque chose de déplaisant que quelqu'un vous a dit, ou qui vous a ennuyé, et le mental commence à s'irriter. Au début, cela n'occupera pas le centre de la scène, mais ne fera qu'apparaître. Vous n'aurez pas perdu de vue l'objet de la concentration, mais les autres choses créent des interférences. La formule à employer dans ce cas est simple, "Je ne m'y intéresse pas". Dites-vous simplement "Oh, revoici ce vieux souci au sujet d'un tel, cela m'est égal. Qu'il vienne ou qu'il s'en aille, je ne m'en soucie pas pour le moment". Si vous vous en occupez de cette manière, il disparaîtra inaperçu. Il n'est pas nécessaire non plus de s'inquiéter de ce que ces choses surviennent, car aussi longtemps que l'objet choisi reste la figure centrale sur la scène, la présence d'autres choses n'importe pas.

Il est utile de se dire, juste avant de commencer les exercices : "Je vais me concentrer cinq minutes

pour réfléchir sur tel sujet, et je ne dois pas m'inquiéter pendant ce temps. Il y a assez de temps
pendant la journée pour m'inquiéter, si c'est nécessaire". On devrait en effet, s'occuper de ces intrus
à un autre moment, de telle sorte que notre esprit
ne reste pas irrésolu à leur égard. S'il s'agit d'une
chose qui n'est pas résolue parce que les pour et les
contre se balancent, ou parce que vous n'avez pas
assez de données pour arriver à un jugement, voyez
d'abord si une décision est nécessaire immédiatement et si ce n'est pas le cas, laissez le problème en
repos ; si une décision est nécessaire immédiatement, jouez à pile ou face et prenez votre décision
immédiatement. Si les pour et les contre se balancent, il n'importe pas si le choix va dans un sens ou
dans l'autre, mais ce qui est important, c'est la paix
et tranquillité d'esprit de savoir que le problème a
été résolu.

Troisièmement, n'essayez pas de retenir l'objet
dans votre esprit. C'est l'esprit qui doit contem-
pler tranquillement cet objet. Parfois, l'idée survient que si la pensée change, elle se perdra, et cela
conduit à une espèce de tension à l'intérieur de
l'esprit lui-même. Mais pour atteindre le succès
dans la concentration, il faudra penser légèrement
sur l'objet, aussi calmement que lorsque vous re-

gardez votre montre pour connaître l'heure. Il n'est pas nécessaire de le saisir; en effet, ceci détruit la concentration, comme si l'on tentait de retenir de l'eau dans la main en serrant fermement le poing.

§ 4. L'Usage de la Volonté

La volonté est ce qui vraiment contrôle le mental dans le cas présent, et la volonté est ce qu'il y a de plus tranquille au monde. On ne doit pas dire : "Je désire faire ceci", ou "J'espère pouvoir le faire". On doit simplement, tranquillement le faire. Le souhait exclut la volonté. On peut observer comment ceci fonctionne en analysant le cas d'une personne apprenant à rouler à bicyclette. Elle a peut-être atteint le stade où elle peut rouler sur le chemin d'une façon incertaine, et elle s'entraîne sur une route calme lorsqu'elle aperçoit soudain une brique tombé du camion d'un maçon. Cela l'effraie. Elle commence à penser à la brique. Elle désire fortement éviter de rouler sur la brique, mais elle roule dessus avec une adresse admirable. Son esprit était tellement rempli de la brique que ses mains ont suivi sa pensée et l'ont guidée droit sur elle, bien qu'elle ait tenté de tourner pour l'éviter. Elle fit l'erreur d'essayer de contrôler ses mains, au lieu de contrôler ses pensées. Avec un tout petit effort de volonté, elle aurait pu détourner sa pensée de la brique et l'oublier tout-à-fait, elle aurait pu remplir son mental de l'image de la partie de la route sur laquelle elle voulait rouler. Cela ne lui aurait coûté aucun effort, si elle avait seulement su cette simple chose. Ainsi, pour nous concentrer, nous devons abandonner le souhait et le remplacer par l'action tranquille et douce de la volonté.

Puisque c'est le mental qui doit être contrôlé, l'objet sur lequel on s'exerce n'a aucune importance. Toute chose simple fera l'affaire. Ensuite, avec un peu de pratique, on pourra avoir mentalement la même expérience que celle que l'on a physiquement en apprenant à nager. On a pu entrer dans l'eau et coulé de nombreuses fois, mais un moment survient où l'on se sent soudainement à l'aise dans l'eau. À partir de ce moment, lorsque vous entrez dans l'eau, vous vous mettez presque inconsciemment dans un certain état d'esprit et agissez sur votre corps de tel-le manière qu'il agisse correctement pour nager et flotter. Ainsi, en vous concentrant, vous allez aussi acquérir un état certain d'esprit, et vous deviendrez capables de vous concentrer sur n'importe quel objet choisi ou sur un sujet quelconque pour aussi longtemps que vous en aurez décidé.

§ 5. Les Avantages de la Concentration

Cette faculté a une grande valeur. Il est impossible d'énumérer les manières par lesquelles celle-ci ajuste le mental et garantit le succès dans les études, les affaires, le travail manuel qui demande de l'habileté, dans l'aspiration religieuse, et dans toutes sortes d'activités mentales Cet état d'esprit peut s'appliquer pour une certaine durée ou jusqu'à ce qu'un travail soit accompli. Ainsi, un étudiant réfléchissant sur une question, disons de géométrie, s'il se concentre, sera capable de garder son attention et ses pensées orientées vers la solution de la question, avec toutes les données dans son esprit, au lieu de tout le temps perdre le fil de ses idées chaque fois que son esprit essayera de s'échapper comme un cheval sauvage vers des chemins latéraux sur lesquels la voie parait plus facile. Aussi, un homme de science pourra garder son attention fixée sur un problème qu'il n'a pas encore résolu et son état de concentration facilitera sans aucun doute ces éclairs d'inspiration qui jouent un si grand rôle dans la science moderne et dans le processus de la découverte.

§ 6. La Confiance dans l'Esprit

La confiance en soi est d'une grande aide pour réussir, surtout lorsqu'elle est associée à la connaissance de la manière dont les pensées fonctionnent dans le mental, et du fait important qu'est leur existence dans le mental même lorsque nous n'en sommes pas conscients. De la même manière que le fonctionnement des mains, des pieds, des yeux et des autres parties visibles de notre corps dépend des organes internes du corps sur lesquels nous pouvons toujours compter, ainsi toutes les opérations de l'esprit qui sont visibles par notre conscience dépendent des opérations internes de l'esprit sur lesquelles nous pouvons toujours compter. Une bonne mémoire a sa source, pour la plus grande part, dans cette confiance. Je me souviens, lorsque j'étais un petit garçon, que ma mère m'envoyait parfois faire l'emplette d'une simple chose comme du savon ou du beurre dans un petit magasin à un kilomètre de la maison. Elle me donnait une pièce de monnaie et me disait ce qu'elle voulait. Je n'avais pas confiance en l'art du tailleur, et ne voulais en aucune manière mettre la pièce dans ma poche. Je ne pouvais croire que dans une situation aussi grave, cet objet serait encore dans ma poche à l'arrivée, aussi je gardais la pièce serrée

dans ma main pour être certain de la sentir tout
le temps. De même, je répétais le nom de l'article,
savon ou tout autre chose, tout au long du chemin, pensant que si je laissais sortir le mot de ma
tête, ne fût-ce qu'un instant, il serait entièrement
perdu. Je n'avais aucune confiance dans les poches
de mon esprit, alors que celles-ci étaient bien plus
sures que les poches de mon tailleur. Cependant,
malgré mes efforts, ou peut-être à cause d'eux, dès
que je pénétrais dans le magasin et que je voyais la
taille massive du marchand se pencher au-dessus
de moi, j'avais un moment de paralysie pendant
lequel il m'était impossible de me souvenir de ce
que j'étais venu chercher.

§ 7. Les Quatre Chemins de la Pensée

Une autre aide importante dans la pratique de la
concentration consiste en une connaissance rudimentaire des façons dont les pensées s'associent. Je
préfère les appeler les chemins de la pensée, parce
que le mental suit certaines pistes qui ont été tra-
cées partiellement par des habitudes humaines et
partiellement par des lois naturelles et qui rendent
aisé le passage d'une idée à une autre. Par exemple,
si nous pensons à un chat, notre esprit voyagera et

associera un chien ou d'autres animaux; ou bien, toujours en partant du chat, à certains organes du chat, à sa fourrure ou à ses griffes; ou bien aux qualités du chat, sa souplesse ou sa grâce; ou encore à certains évènements de votre vie à l'occasion desquels vous avez été en contact avec des chats. Il est peu probable que votre esprit passe directement de l'idée du chat à l'image mentale d'un patin à roulettes, à celle d'un pot de colle de bureau ou au théorème binomial.

Pour la facilité de cet exposé je vais classifier ces associations de pensées en quatre catégories: (1) la relation entre un objet, la classe à laquelle cet objet appartient, et les autres membres de cette même classe: comme le chat, le chien et les autres animaux. (2) la relation entre le tout et ses parties: comme le chat, sa fourrure, sa queue ou bien une caisse, ses charnières, son couvercle. (3) la relation entre un objet et ses qualités: comme par exemple une orange, sa forme et sa couleur. (4) la relation familière qui nous a été inculquée par des expériences violentes ou répétées: comme le fait de relier Napoléon et Waterloo, la plume et l'encre, le lever du soleil et la lumière du jour.

§ 8. L'exercice du souvenir

Cette connaissance rudimentaire des chemins de la pensée peut être utilisée dans un exercice simple qui est très utile dans le développement de la concentration et pour l'organisation générale du mental. Pour faire cet exercice, choisissez un objet simple comme une boite d'allumettes et dites-vous : "Je vais maintenant penser à tout ce que je peux au sujet de cet objet avant de détourner ma pensée vers quelque chose d'autre, et je vais le faire systématiquement en suivant les quatre chemins de la pensée". Vous considèrerez d'abord les objets de la même classe (premier chemin), et les yeux fixées sur la boite d'allumettes vous penserez à la classe "boite", puis aux différents types de boites et de réceptacles dont vous vous souvenez, en plaçant l'image créée par votre imagination pour quelques instants à côté de la boite d'allumettes pour une comparaison rapide. Ne soyez pas satisfait de ce que votre esprit apporte avec facilité ; prenez le temps d'ajouter de plus en plus d'autres objets. Ensuite prenez l'approche de la relation de l'objet et de ses parties (deuxième chemin). Pensez à la forme et aux dimensions de chacun des côtés, à la façon dont l'étiquette y est collée, et à ce qui est imprimé sur la boite à laquelle vous pensez.

Vous poursuivrez en pensant aux qualités de l'objet (troisième chemin). Elle sera probablement en bois, bien que dans certaines régions on utilise du carton. Enfin, pensez aux boites d'allumettes que vous avez connues (quatrième chemin) ou à tout autre chose dont vous avez le souvenir dans vos expériences passées et qui est rattachée à une boite d'allumettes.

Le point important de cette expérience est de ne pas perdre de vue la boite d'allumettes. Lorsque vous passerez d'une idée à une autre, votre esprit retournera automatiquement à la boite d'allumettes, et ainsi vous créerez une habitude du souvenir et un état d'esprit de concentration qu'il vous sera possible de rappeler à volonté. Vous placez une nouvelle idée à côté de l'objet, vous ne le remplacez pas par cette idée. Le même objet peut servir à plusieurs séances d'exercice.

Exercez-vous pendant dix minutes par jour pendant un mois, puis observez vos progrès, sans vous occuper des résultats entre-temps. Le temps viendra où vous pourrez appliquer cette méthode à des sujets de plus en plus difficiles et de plus en plus abstraits comme à la préparation de sermons, de conférences ou la rédaction d'articles.

§ 9. Les Fruits de l'Exercice

L'un des avantages de cet exercice est qu'il vous permet de penser entièrement à un sujet, et d'échauffer votre mental pour l'action. Il aide une pensée lente à présenter sa connaissance et au trop rapide à éviter la digression vers une autre ligne de pensée avant d'avoir fini d'exposer chaque aspect du sujet — un défaut très commun parmi les grands penseurs. Il permet aussi aux étudiants d'approfondir de nouvelles idées qu'ils ont acquises au cours de leurs travaux, et de placer les nouvelles informations dans la mémoire en bonne relation avec les connaissances acquises précédemment sur le même sujet.

Des idées claires sur n'importe quel sujet ne sont pas très fréquentes. Beaucoup de personnes ne savent même pas l'image exacte du cadran de leur montre, la forme des chiffres, la forme de l'aiguille des secondes ou la couleur des autres aiguilles : or, noires ou argent. Un homme peut marcher et courir, mais si on lui demande d'expliquer dans le détail la différence entre les deux actions, il en sera habituellement incapable. Mais s'il fait ces deux choses en s'observant attentivement, il découvrira rapidement que lorsqu'il marche il a toujours un pied qui touche le sol, mais que lorsqu'il court, ses deux pieds sont parfois en l'air en même temps : une chose qu'il n'aurait pas observée si la concentration ne l'avait pas montrée à son esprit.

CHAPITRE QUATRIÈME

DE LA MÉDITATION

§ 1. Ce qu'est la Méditation

La méditation commence là ou finit la concentration. Le but de la concentration est de centrer l'attention sur un champ étroit de la vision mentale, pour que la lumière de la conscience soit aussi brillante que possible. Elle est à l'opposé de la diffusion et est semblable à un réflecteur placé, par exemple, dans un phare. Notre conscience se porte le mieux pendant la concentration et tend à augmenter sa qualité et ses pouvoirs.

La concentration implique la contraction du champ de vision ; mais la méditation implique son expansion. Par la concentration, vous développez une pensée claire ; par la méditation, vous en gardez la clarté et l'appliquez sur de vastes étendues ou sur des sommets et sur des profondeurs de la pensée qui vous étaient inaccessibles auparavant. On pourrait dire en général que la raison de l'incarcération de nos êtres dans ces corps terrestres est de produire ce type de concentration. Nous sommes coupés temporairement de la lumière des autres mondes et des myriades de choses de ce monde pour lesquels nos sens ne sont pas adaptés, mais le résultat est que l'expérience limitée que nous en avons par nos sens inadéquats est forte et claire. Notre expérience est comparable au film d'une caméra qui n'est exposé qu'à une faible quantité de lumière et à un spectre limité. Donner la clairvoyance ou d'autres pouvoirs semblables à un être humain ordinaire n'enrichirait pas sa vie, mais le remplirait de confusion à un degré bien plus grand que celui dans lequel il se trouve déjà. Qu'il acquière la maîtrise du petit domaine dont il est le régent, et le temps viendra où il sera prêt pour une vie plus large.

Le succès obtenu en méditation dépend donc des résultats de la concentration, et des autres choses qui y sont associées, c'est-à-dire la détente du corps, l'indifférence temporaire aux choses et aux évènements immédiats ou distants, le calme émotionnel, la gentillesse de la vision. L'être humain qui se concentre, assis sur son siège, est pratiquement endormi corporellement, mais la conscience de son cerveau s'applique au sujet de sa pensée.

La méditation, par contre, est exactement à l'opposé du sommeil. C'est un courant continu de pensée sur un sujet sur lequel on n'a aucune difficulté à se concentrer. Elle n'est pas pareille au vagabondage de l'esprit, dans lequel le train des idées nous mène au loin ; elle n'a rien à voir avec les soucis dans lesquels on se retrouve toujours au point de départ après avoir parcouru un cercle de pensées ; c'est une excursion botanique aux Champs Élysées célestes, où chacune des fleurs contient la même lumière solaire transformée en formes.

Parfois, à cause de l'attachement émotif de certaines formes de dévotion religieuse, la concentration se fait facilement, et l'on peut entrer presque immédiatement dans un état méditatif, lorsque la vision s'attache aux perfections de l'Aimé, les voyant comme jamais on ne les a vues plus tôt, observant leur jeu dans les divers évènements de l'existence, et réalisant leur suprême beauté et le nectar qu'elles apportent pour l'ivresse sublime de l'âme assoiffée de Dieu. Dans d'autres cas, la concentration peut s'appliquer à la compréhension des choses et des gens, de telle manière que la méditation puisse apporter l'inspiration, l'intuition et l'entendement; nous voyons alors le monde et les actes que nous y posons du point de vue de la vie immanente.

§ 2. La Méditation est Créatrice

La méditation est un acte important d'auto-création. La conscience puissante obtenue par la concentration est une porte ouverte pour la pénétration de notre cerveau terrestre par l'esprit positif qui est en nous. Parfois, des gens ignorants recherchent l'excitation de la vraie vie dans le monde extérieur, ne sachant pas que les plaisirs qu'ils recherchent ne sont rien d'autre que l'excitation temporaire du corps, des sens ou du mental, ne réalisant pas qu'il ne s'agit que d'une ombre qu'effacera rapidement le sentiment de culpabilité, et qui n'a rien à voir avec l'or du bonheur véritable.

La vie qui descend en méditation est créatrice. Regardez les deux dessins suivants :

Ils représentent la constitution individuelle d'une personne et ses trois niveaux : physique, émotionnel et mental. Le dessin de gauche représente une personne ordinaire. Elle est physiquement agitée et distraite par tout ce entre en contact avec ses sens ; elle a peu de contrôle de ses émotions si bien que chaque bagatelle détruit son équilibre pour une période considérable ; sa vie mentale est sans direction précise. L'eau qui coule d'en-haut représente la vie divine ; elle se dissipe par des trous innombrables de l'urne, et le niveau de l'eau contenue n'est pas élevé.

Le dessin de droite représente quelqu'un qui pratique la méditation. Il ferme les trous par la concentration. L'eau monte constamment dans l'urne, et la vie divine opère une oeuvre créatrice jusqu'au niveau qu'il a atteint.

Ainsi une personne qui médite peut atteindre des conceptions du devoir, de la beauté ou de la vérité, de la grandeur, de la noblesse du caractère plus élevées que celles qu'il n'a jamais atteintes avant de méditer. Et lorsqu'il se concentre sur les effets créateurs que ces conceptions ont sur lui, il pourra plus tard retourner à ces niveaux avec une aisance comparativement aisée.

§ 3. Entreprendre quelque chose

Pourtant, le but de la méditation n'est pas de rapporter quelque chose d'élevé dans le soi inférieur, pour sa propre satisfaction, mais bien pour élever quelque chose d'en-bas, pour toucher dans notre pensée et notre émotion quelque chose que nous n'avions jamais atteint et d'apporter à ces niveaux élevés cette clarté de vision que nous avons développée dans les plans inférieurs. Le soi qui cherche seulement la consolation pour les difficultés de la vie, ou une émotion agréable de confiance en quelque chose de plus élevé que soi pourra obtenir un faible résultat et jouira de maigres satisfactions dans une forme inférieure de méditation, qui ne mérite qu'à peine ce nom. Celui qui pratique cette forme de méditation ressemble à la gratitude et le confort d'un chat ronronnant dans les bras de quelqu'un, jouissant du luxe de l'attention d'un être supérieur. Mais la méditation proprement dite est pour celui qui veut parcourir le monde dans le charriot triomphant de la gloire du soleil ; elle est pour celui qui ouvrira son coeur avec amour jusqu'à ce qu'il brille comme le soleil toujours et partout ; elle est pour celui dont l'oeil est en extase permanente en comprenant le miracle infini de chaque existence grande ou petite. Pour de telles choses, le petit soi doit abandonner ses petits plaisirs, qui n'ont aucun rapport avec le véritable bonheur de la vraie vie.

§ 4. Méditation et Expérience

La méditation est l'un des pôles de notre existence, qui est entièrement créateur. Nous ne pouvons pas atteindre les sommets les plus hauts par la seule méditation. Les limitations de la vie externe contiennent les enseignements de Dieu, en une égale mesure. Se tourner au-dedans et chercher au-dehors sont l'hiver et l'été, le jour et la nuit, le pied gauche et le pied droit du progrès de l'âme. Tout comme celui qui comprend peut être émerveillé par la beauté d'une petite feuille d'arbre aussi bien que par la magnificence d'une forêt tropicale, sachez que le doigt de Dieu est tout aussi présent dans les petits faits qui vous arrivent que dans les grands évènements qui sont les étapes de l'histoire. Notre vie oscille entre ces pôles intérieur et extérieur. Au-dedans la pensée conçoit une machine ou crée une théorie ; au-dehors, l'expérience améliore le mécanisme de la machine et déclare la théorie vraie ou fausse. Ce qui rend seulement la chose utile ou la théorie vraie, c'est sa concordance avec les grandes lois de la nature dans leur interaction très variée ; ou en d'autres termes, leur unité avec les archétypes. Nous atteignons Dieu par les deux pôles. On a dit qu'il n'existe aucune barrière ou aucun mur entre l'endroit où Dieu, la cause, finit et où l'âme humaine, l'effet, se termine ; on peut donc dire qu'il n'existe aucun lieu dans l'espace où nos mains ne rencontrent les Siennes.

Pour cette raison, la méditation est la plus efficace lorsque ses émotions et ses pensées sont sorties de notre chambre et mêlées aux affaires de la vie, pour y être corrigées et modifiées, pour y être attachées aux faits de l'expérience qui fera fleurir des fleurs-soeurs dans des méditations futures.

§ 5. Méditations Préliminaires

Laissez-moi m'écarter de cette tentative de décrire ce qui n'a jamais été décrit, et expliquer certains exercices simples qui peuvent conduire à de grands résultats.

D'abord, il y a la méthode simple qui consiste à réserver un peu de temps chaque matin ou chaque soir pour revoir les évènements de la journée dans notre esprit, y pensant avec gentillesse. Elle est un repos et une récréation pour le mental, les émotions et le corps ; elle purifie et affine nos vies, laboure et herse le champ de notre conscience afin que les semences qui sont tombées des parties supérieures de notre être puissent germer et pousser.

Ensuite, il y a l'exercice de bien lire. Le mieux est d'avoir toujours un bon livre à portée de la main, de philosophie, d'histoire, de mathématiques, ou de tout autre sujet, vers lequel on peut se tourner plusieurs fois par semaine pour une récréation mentale. On ne doit pas avoir le désir de finir le livre ; il est là juste pour être utilisé. Et la méthode de lecture devrait être celle où l'on pense d'abord et on lit ensuite. Prenez le livre choisi et observez ce qui vous vient à l'esprit, passez dix minutes à revoir vos connaissances sur le sujet du livre — et si vous pensez que vous n'en avez aucune, vous pouvez essayer d'imaginer — ensuite, lisez pendant vingt minutes. Ou si vous n'avez qu'un quart d'heure de loisir, pensez pendant cinq minutes et lisez pendant dix. Cette technique met de l'ordre dans la maison de notre mental et nettoie les tiroirs et les boites que nous n'utilisons pas ; elle prépare l'esprit à la lumière bien mieux qu'aucune lecture ne peut le faire.

§ 6. La Construction du Caractère

Il y a encore la pratique de la méditation pour la réalisation des vertus et la construction du caractère. Si quelqu'un ne reconnaît pas le cadran de sa montre, ou ne sait pas la différence entre marcher et courir, comment peut-il comprendre ce que sont les vertus et les idéaux? Les gens pensent qu'ils connaissent ces choses, et parfois même s'asseyent pour méditer, ils commencent à se répéter des mots comme: "Courage, courage, courage; vérité, vérité, vérité; douceur, douceur, douceur" et ainsi de suite; on pourrait aussi bien essayer de sauter de terre et espérer atteindre le ciel. Pour reconnaît ces choses, et pour les construire dans le caractère on doit méditer convenablement.

Les idéaux sont les étoiles qui guident notre vie, les vertus sont les lampes qui guident nos pieds; les idéaux sont les plans détaillés de notre édifice et les vertus sont nos outils. Nous devons nous aventurer à traverser une mer sans carte, parsemée de myriades de rochers et d'îles, mais un grand idéal brille au-devant et au-dessus de nous — vérité, bonté, beauté, harmonie, liberté, unité, compréhension — il y a là une galaxie d'étoiles et l'une d'entre elles est notre guide particulier vers lequel nous orientons notre barque solitaire. Il est bien rare, même dans la nuit la plus profonde, que ces étoiles ne soient pas visibles, mais très souvent, dans notre monde, leur lumière est insuffisante pour nous montrer les obstacles du parcours. Voici la fonction des petites lampes, allumées à nos idéaux, et que nous portons pour trouver notre route : le courage, la gentillesse, la dévotion, la détermination, et beaucoup d'autres de ces vertus, sans lesquelles nos mouvement ressembleraient à ceux d'un aveugle dans une nuit profonde, dans laquelle ni la lumière, ni la vue ne serait d'aucune utilité.

§ 7. Méditer sur une Vertu

La façon de méditer sur une vertu est fort simple. Faites d'abord une image concrète de la vertu en action. S'il s'agit du courage, faites plusieurs images représentant cette qualité — peut-être un soldat venant sauver sous le feu un camarade blessé ; un invalide souffrant et infortuné, se taisant pour ne pas imposer d'inconfort aux autres ; une personne ayant un devoir harassant, mais l'accomplissant avec gaieté ; un artiste ou un poète qui n'abandonnera pas l'amour, malgré le méchant visage de la fortune ; un réformateur dont les talents lui donneraient un poste brillant en politique, mais qui refuse de se compromettre, — voilà les images qu'il faut faire, mais faites-les de perceptions, claires et vivantes, concrètes et détaillées, aussi solides qu'un drame sur la scène d'un théâtre, et non pas une image que l'on pourrait accrocher à un clou d'un mur.

Lorsque ces images sont faites, on peut alors méditer sur elles. Concentrez-vous sur l'image, la rendant aussi forte que possible, ensuite essayez de sentir derrière l'apparence de l'image l'état de l'émotion du héros de l'image ; essayez ensuite de percevoir sa condition mentale, les pensées qui pourraient occuper son esprit ; et lorsque vous aurez considéré toutes les images de la même vertu, essayez de comprendre l'essence de ce qui en fait des exemples de courage. Finalement, pour construire cette vertu dans votre caractère, montez sur la scène, entrez dans le corps du héros, sentez et réalisez la scène comme un évènement vivant de votre propre expérience, décidant d'avoir désormais un tel caractère.

§ 8. L'Élimination des Défauts

Il existe un autre but à cet exercice, associé à la construction des vertus dans le caractère, c'est celui d'éliminer certains défauts. D'une façon générale, il n'est pas utile de s'appesantir sur ses défauts ; car alors le remords prend le contrôle du pécheur, en fait un "misérable pécheur", en fait une misère aussi bien pour lui-même que pour les autres. Celui qui garde constamment son attention sur le bien, probablement évitera le mal, et ce qu'il y a de mauvais en lui disparaîtra de soi-même. Pourtant, il existe parfois certains défauts particuliers et distincts qu'il faut traiter par une méthode chirurgicale. Supposons que vous soyez affectés de colères subites, ce qui est une mauvaise chose, même lorsqu'il y a une raison communément considérée comme suffisante. Asseyez-vous et faites l'image d'une situation qui a ou pourrait éveiller votre colère. Faites cette image très forte — le chat renversant un encrier sur une nappe neuve ; un ennemi disant du mal de vous à une personne que vous respectez ; ou toute autre situation. Faites-vous agir dans l'image exactement à l'opposé, gentiment et doucement, et décidez de vous conduire de cette façon lorsque l'occasion se présentera.

Cette méthode peut s'appliquer à toutes les émotions, car il y en a toujours une bonne qui puisse s'opposer à une mauvaise. Ainsi la peur peut-elle être remplacée par l'admiration ou la gratitude, car si vous avez des raisons de craindre quelqu'un vous avez aussi des raisons de l'admirer ; vous pouvez apprendre quelque chose de cette personne, quelque chose que vous ne possédez pas, et c'est une bonne

occasion de gratitude. Cette leçon peut être péni-
ble, mais beaucoup de la peine s'en ira si la leçon
est apprise dans le bon esprit. Pareillement, une
émotion répréhensible d'orgueil peut être remplacée par une bonne émotion de bienveillance. Tout
ce qu'il convient de faire pour produire cette transformation, dans la plupart des cas, est de cesser de
penser à vous-mêmes et, au lieu de cela, de penser à
la manière dont le monde apparaît à une autre personne, et à ce qui est la cause de la manière dont il
a agi. Comme chaque mauvaise émotion trouve sa
source dans l'égocentrisme, ainsi le fait de penser
au point de vue des autres donne naissance automatiquement à de bonnes émotions.

§ 9. La Méditation sur les Lois

Une autre méditation préliminaire est celle qui
a pour objet les lois matérielles et spirituelles. Par
exemple, il y a la loi de gravité. La connaissant,
nous serions vraiment stupides si nous sautions du
premier étage au rez-de-chaussée au lieu de des-
cendre les marches de l'escalier, ou d'essayer de
traverser une rivière à pied. Il y a la loi de la santé,
qui gouverne le sommeil et le travail, la d'autres
choses ; ici aussi, chaque transgression de cette loi

tient de la stupidité, car celle-ci entraîne automatiquement la ruine de la santé et du bonheur. S'il y a
des lois pour le corps, il y a de même des lois pour
l'âme, qui nous sont rappelées de temps à autre
par la voix de la conscience. Ces lois spirituelles
gouvernent l'entièreté du pèlerinage de notre vie,
pas seulement la petite part que nous connaissons
dans notre corps actuel. Cependant, elles ne sont
jamais en contradiction avec les lois naturelles,
parce qu'en dernier ressort notre vie matérielle a
une base spirituelle. L'honnêteté et la sincérité de
la parole, par exemple, bâtissent des relations so-
ciales qui reposent sur la confiance du prochain et
qui conduisent vers la coopération et la prospérité.
La méditation sur les lois spirituelles peut polari-
ser toutes nos pensées et nos émotions et aligner
ces dernières sur elles, et transformer nos contacts
de la vie journalière avec les autres, d'une bataille
matérielle en un voyage spirituel.

J'ai dit peu de choses sur la méditation sur les
choses de l'Église, mais en fin de compte cette
institution n'existe que pour le développement de
l'homme véritable parmi ses membres, par eux, par
ses services, au développement des autres dans le
monde extérieur. La méditation garde l'idéal devant leurs yeux et les entraîne constamment dans

les vertus. Nous pouvons choisir n'importe quelle
partie de la liturgie comme sujet de méditation, et
même de préférence pour notre contemplation et
notre adoration.

CHAPITRE CINQUIÈME

DE LA CONTEMPLATION ET DE L'ADORATION

§ 1. Le Sommet de notre Pensée

De même que la concentration conduit à la méditation, la méditation conduit-elle à la contemplation que nous pouvons définir comme la concentration faite au sommet de notre ligne de pensée. De même qu'il ne convient pas d'entreprendre brutalement une méditation, mais qu'il est bon de nous asseoir et d'amener notre attention tranquillement sur le sujet choisi, en commençant par penser à la vue générale, puis en la réduisant sur l'objet particulier, puis commencer à méditer sur celui-ci, il n'est pas bon non plus de terminer une méditation d'une façon abrupte. À un certain moment, il faut arrêter le courant de la pensée et s'arrêter pour un court moment sur la vision claire et calme, de la chose la plus élevée que nous avons été capable d'atteindre. Il se peut que vous ayez atteint une hauteur ou une profondeur de pensée que vous ne pouvez dépasser sans aucun avantage. À ce point, votre attention commencera à faiblir, votre esprit commencera à perdre pied. N'essayez pas d'aller plus loin, n'essayez pas désespérément de vous accrocher et de saisir cette conception splendide ou cette vision qui brille juste au-delà de votre atteinte. Arrêtez-vous où vous êtes et observez avec contentement au point le plus élevé que vous pouvez atteindre. Voilà ce qu'est la contemplation.

§ 2. L'Inspiration

Il arrive fréquemment que cette plus haute conception ne soit pas le résultat immédiat du processus méditatif, mais pendant que vous vous y occupez, la pensée peut irradier tout l'esprit, ou bien une émotion puissante peut vous donner une paix qui dépasse toute compréhension, ou encore une vision de beauté et d'amour, ou de toute autre chose, que vous n'avez jamais connue auparavant peut produire l'explosion d'un éclair d'inspiration. Vous pouvez alors arrêter la méditation et porter votre attention tout entière à la contemplation de ce grand évènement. Une telle contemplation crée une nouvelle plateforme sur laquelle votre conscience peut prendre pied, de telle manière que lorsque vous reprendrez cette pensée très profonde, il vous sera plus facile de la garder, et vous découvrirez que votre méditation a été poussée encore plus avant.

Il arrive souvent dans la vie courante que ceux qui pratiquent cette forme de prière qui est méditation, reçoivent subitement la vision soudaine de grandes vérités, qui portent en elles-mêmes une évidence inexplicable de leur propre justesse, et on les voit comme merveilleusement simples, et l'on se dit à soi-même : "Comment se fait-il que je n'y ai jamais pensé plus tôt, ou que je n'en ai jamais entendu parlé ?". Prenez garde ; si vous ne gardez pas votre attention sur cette idée, aussi simple soit-elle, elle disparaîtra rapidement et vous serez incapable d'en retrouver le message. Il est, hélas, nécessaire de l'emprisonner dans la forme de mots. Écrivez-les et faites-en le sujet d'une autre méditation, n'oubliant pas que les mots ne sont jamais la vérité elle-même. Dans le cas qui nous occupe, les mots vous aideront à retrouver la réalité que vous avez vue, qu'il est difficile de trouver dans les grandes pensées des autres, alors qu'elles sont enterrées dans des livres ou des conférences, dans des mots qui ne peuvent jamais rien dire mais seulement suggérer. Une pensée traduite par des mots est comme un oiseau dans une cage ; certains aiment sa chanson, mais celle-ci n'a pas la note de la liberté, ni de la qualité de la vie.

§ 3. La Contemplation Religieuse

La contemplation s'applique aussi à l'adoration qui accompagne la prière de gratitude. Elle est une faculté différente de la pensée, et même de l'amour ; elle est atteinte lorsque notre petit soi se fond dans le soi plus grand, comme si le soleil reflété dans une mare regardait le soleil du ciel et sentait la libération soudaine dans une vie plus grande. Il ne s'est pas perdu, il s'est gagné. Ceci est l'image de l'expérience de quelqu'un qui est confronté subitement avec la réalisation de ce qui dépasse entièrement ce qu'il avait pensé. Il en oublie ce qu'il avait l'habitude d'appeler "lui-même" ; la petite pensée est devenue l'Esprit Universel.

Quelque chose de semblable à cette réalisation existe dans toute dévotion et toute adoration véritables. Elles sont alors l'ouverture d'une faculté nouvelle. Nous contactons les objets matériels du monde par notre corps physique ; nous jouissons de leur énergie par nos émotions inférieures ; nous connaissons les lois matérielles qui gouvernent toutes ces choses par notre mental ; nous devenons sensibles à la vie de notre prochain par nos émotions supérieures, nos sensations intuitives et nous nous dévouons à son bienêtre et son bonheur ; mais par cette faculté d'adoration, nous entrons en contact avec le Soi Un.

§ 4. La Faculté d'Adoration

Emerson a parlé de cette faculté comme la floraison et l'accomplissement de la culture humaine. Il n'y a pas de branche qui lui soit supérieure dans l'arbre de la vie. Nous voyons que les pouvoirs émotionnels se développent dans le règne animal, ainsi que les rudiments du développement mental. Dans l'être humain moyen, le développement du mental est dominant, et l'homme utilise son jugement pour choisir ses désirs, pour décider des sensations qu'il conservera dans son esprit et de celles qu'il en écartera, mais il n'y a encore en lui qu'une toute petite fraction de l'émotion supérieure humaine sous la forme d'un instinct d'éthique qui peut lui permettre de considérer les autres comme soi-même ou même avant lui-même. Cet instinct d'éthique, dans un être sur la voie de la sainteté, a grandi jusqu'à influencer complètement son mental, et son esprit est alors occupé uniquement à organiser le service d'un grand coeur humain. Mais il doit encore, même à ce stade, développer une autre faculté dans toute sa plénitude : la réalisation du soi divin, la faculté d'adoration. Cette faculté est semblable à la croissance de certains arbres comme les palmiers, qui poussent leurs nouvelles branches au sommet ; vous voyez d'abord une petite bouture, presque cachée par les parties solides des poussées précédentes, mais bientôt cette petite feuille aura grandi et surplombera le reste de l'arbre. De la même manière, chaque être humain possède cette faculté, petite pour l'instant, qui grandira par l'usage pour devenir sa faculté primordiale, l'amenant à la perfection de la vie humaine.

La rapidité de son oeuvre est le miracle perpétuel de cette faculté. L'adepte de la beauté tombera en une extase d'adoration devant un lever de soleil glorieux, devant les montagnes et leur force, portant une couronne de neige comme le symbole de pureté, devant une grande vallée, une chute d'eau puissance, le typhon rageur ; et lorsqu'il rentrera dans la conscience de son vieux soi étroit, il y ramènera avec lui quelque chose de cette beauté, de cette paix, de cette puissance qu'il a contemplées. Voir Dieu, c'est devenir semblable à Lui. Personne d'autre ne L'a vu autrement.

§ 5. La Parabole des Oiseaux

Il y a une certaine grâce dans ce travail. Il consiste à travailler pour rien ; il en serait ainsi si nous n'étions pas nous-mêmes des étincelles du Divin, une partie de ce même feu dont nous recevons notre lumière et notre chaleur. Comme la terre nous aide en supportant nos pieds, comme les lois de la nature nous donnent un grand pouvoir lorsque nous coopérons avec elles en connaissance de cause, ainsi Dieu nous aide de l'intérieur, et sans cette aide, les millions d'efforts que nous ferions seraient vains.

On raconte une belle histoire à ce sujet aux enfants de l'Inde. Elle raconte l'histoire du vanneau et de sa compagne. Le temps de la ponte venu, comme ces oiseaux ont l'habitude de construire leur nid sur le sol, le couple chercha longtemps un endroit convenable. Enfin le vanneau se posa sur un endroit près d'une plage de la mer et déclara l'endroit satisfaisant.

"Je ne crois pas", dit la maman-oiseau. "C'est fort près de la mer, et j'ai peur que nos oeufs ne soient emportés par la marée."

Le papa-oiseau était aussi orgueilleux qu'ignorant, et il répondit vertement. "Crois-tu que cet océan stupide puisse emporter mes oeufs?"

L'histoire raconte que l'océan se fâcha très fort en entendant ces paroles orgueilleuses et décida de prendre sa revanche. Ainsi, après que les oeufs furent pondus, il demanda l'aide de la lune et avec son aide arriva à étendre son bras sous la forme d'une vague énorme qui emporta les oeufs sous les eaux.

Suivirent alors les amers reproches de la maman-oiseau qui dit à son mari ce qu'elle pensait exactement de sa vanité. Comme nous le savons, les reproches ne guérissent pas les défauts; et dans ce cas, le vanneau devint plus orgueilleux que jamais et il dit: "Je forcerai l'océan à rendre les oeufs."

Il s'en alla donc, appela tous les autres oiseaux et leur raconta ce qui était arrivé. Il leur proposa de se joindre à lui dans son entreprise qui consistait à prendre chacun une goutte d'eau dans le bec et à la verser sur le sol jusqu'à ce que l'océan soit vide et qu'il puisse reprendre ses oeufs.

Les oiseaux rirent de sa suggestion, mais il dit:
"Cela ne fait rien ! Je le ferai tout seul." Et il se mit
au travail, ramassant goutte après goutte.

Après un certain temps, d'autres oiseaux vin-
rent le voir avec un intérêt et une curiosité crois-
santes. Ils pensèrent qu'il devait y avoir quelque
chose de spécial dans cette idée, puisqu'elle faisait
travailler un oiseau avec tant de diligence. D'abord
quelques-uns se joignirent à lui, puis d'autres, et
d'autres encore, jusqu'à ce que tous les oiseaux furent occupés à voler au-dessus des eaux, en grande
multitude, prenant une goutte d'eau et la déposant
sur la terre.

Cela aurait pu durer toujours s'il n'était arrivé
quelque chose d'autre. Un jour, apparut le dieu des
oiseaux qui se tient au plus haut des cieux, veillant
sur les oiseaux et sur les hommes. Il vit la grande
activité de son peuple et vint voir ce qui se passait.
Tout le ciel fut obscurci par l'ombre de ses ailes et
les flammes de l'éclair sortaient de son bec.

Alors, l'océan, regardant vers le ciel et voyant
l'arrivée du seigneur des oiseaux, fut terrifié de ce
qui pourrait lui arriver et repoussa rapidement les
oeufs sur la grève. Le ciel s'éclaira et le dieu des
oiseaux retourna dans son ciel, et tous les oiseaux
retournèrent à leurs occupations familières. Et le

vanneau fut guéri de son orgueil, non pas par les reproches mais par la réalisation qu'il avait gagné par un pouvoir supérieur au sien.

Cette histoire illustre les difficultés auxquelles les êtres humains doivent faire face et les défauts qu'ils doivent vaincre sont aussi innombrables que les gouttes d'eau de l'océan. Mais pour celui qui a l'orgueil du courage (qui n'est en fait que la mauvaise application de la connaissance que notre véritable être intérieur possède dans son omnipotence), l'entreprise de la tâche impossible de regagner son être spirituel [qui a coulé au fond de l'océan de l'existence matérielle], les ailes puissantes de la Déité sont toutes proches.

§ 6. La Fin de l'Être Humain

Un catéchisme bien connu demande : "Quelle est la fin ultime de l'homme ?" et répond : "De glorifier Dieu et de se réjouir en Lui pour toujours". Pendant le service, la congrégation chante : "Saint, saint, saint, est le Seigneur des Armées. Les cieux et la terre sont remplis de Votre Gloire. Gloire soit à Vous, Dieu tout-puissant". Il existe un moyen par lequel on peut penser à nous réjouir en Lui. Nous Le glorifions par des actes et des formes extérieures qui sont en accord avec Son Plan de progrès spirituel de l'humanité ; mais au-dedans, dans notre conscience intérieure, nous nous réjouissons constamment et pour toujours en Lui lorsque nous sommes sincèrement en contact avec notre soi réel. Nos corps matériels ne sont que d'infimes parties de l'immense monde matériel qui a été établi et qui est maintenu par Dieu. D'une manière semblable, nos petits éclairs de conscience ne sont que des parties infimes de Son immense Conscience. Si nous savons quelque chose, c'est Son savoir ; si nous sentons quelque chose, c'est Sa sensation ; si nous voulons quelque chose, c'est Sa volonté. Mais il existe une différence fondamentale entre les unités de matière que nous utilisons pour nos corps et les unités de conscience que nous utilisons dans nos âmes : les corps sont des objets matériels qui s'excluent les uns les autres ; deux d'entre eux ne peuvent occuper le même espace, et s'ils essayent ils entrent en collision. Mais une conscience supérieure contient toujours une conscience inférieure : ainsi nous sommes uns avec le Christ, et Il est un avec le Père. Toute conscience humaine qui n'est pas teintée de désir égoïste et terrestre est immense conscience du Christ, même s'il est en nous. Mais, comme Dieu est derrière et dans toute matière, et au-delà et dans toute conscience, Il y est aussi dans Sa Gloire transcendante. Ainsi nous y participons aussi, au-delà du corps que nous utilisons, au-delà de la conscience qu'Il nous prête. Ainsi les cieux et la terre sont pleins de Sa Gloire, mais Sa Gloire est finalement Lui-même. À cause de cela, le sommeil est possible ; mais ce qu'est le sommeil à l'homme moyen sera la vie radieuse et glorieuse à ceux qui seront devenus parfaits, comme leur Père dans les cieux est parfait.

§ 7. L'Homme Idéal

Une forme d'exercice contemplatif pratiqué dans l'église est la réflexion sur l'être humain idéal, le Maître. Il est recommandé de commencer par utiliser une image concrète et de passer par les trois étapes de concentration, méditation et contemplation en y faisant référence. Celui qui ne peut pas arriver à penser ce que le Maître serait et ce qu'il ferait dans les conditions de vie présentes, dans les circonstances de nos vies particulières, a une conception pauvre de Lui, et a vraisemblablement mal compris Son enseignement. C'est pourquoi le dévot fera bien de faire une image de Lui, ou d'adopter un portrait ou une peinture faite par quelqu'un d'autre, et de rendre l'image entièrement familière par des imaginations répétées.

Parfois, certaines personnes ont des difficultés à visualiser ou à imaginer une telle stature complète ou même les traits d'un visage entier. Dans ces cas-là, la forme peut être assemblée graduellement par un processus de concentration détaillée. On fait d'abord l'image de tout le visage, puis on se concentre sur un oeil, par exemple, jusqu'à ce que l'on s'en rappelle facilement la forme. Ensuite, on éloigne l'image faite de l'esprit et on fait l'image de l'autre oeil de la même manière jusqu'à ce qu'elle soit devenue familière. Alors, on fait l'image des deux yeux ensemble. Après, on écarte l'image des yeux et on se concentre exclusivement sur la forme du nez. Lorsque l'image est faite, ajoutez-y l'image des deux yeux. Faites ensuite l'image de la bouche, et joignez-la, quand elle est faite, aux yeux et au nez. Continuez de la même manière pour construire le visage entier et la tête, et même tout le reste de la stature.

Cette image peut alors être investie de toutes les vertus — courage, amour, vérité et toutes les autres dont la liste peut être tirée des Écritures ou d'autres sources. On peut choisir une vertu chaque semaine ou chaque mois et se concentrer sur la manière dont elle opère dans la vie du Maître,

dans les scènes familières de Son histoire ou imaginaires comme des transpositions dans le monde
moderne. Et lorsque cette image aura été com-
plétée de corps, d'émotions et de pensées, comme
la représentation la plus parfaite que vous pouvez
faire du Maître vivant dans le monde, elle pourra
servir comme un objet de contemplation par lequel l'évolution de votre caractère se fera à la plus
grande vitesse possible.

La tolérance ne sera pas la moindre des vertus
de caractère qui se manifestera en vous-mêmes.
C'est une vertu que l'Église Catholique Libre prô-
ne dans ce temps de conflits humains — une tolérance qui n'est pas seulement l'endurance patiente
de ceux qui professent des opinions différentes des
nôtres, mais aussi la reconnaissance joyeuse de la
supériorité d'autres hommes, des bonnes qualités
qu'il peuvent avoir et qui sont très différentes des
nôtres. Aucun être humain ne peut à la fois être
poète et médecin, ingénieur, avocat, artiste, fermier,
et toute autre profession. Que le poète respecte
l'ingénieur; le médecin, l'avocat, et tous les autres.
C'est sur cette fondation de respect mutuel que
l'on pourra finalement former l'humanité céleste,
c'est-à-dire nous tous vivant et agissant comme un
seul Homme, l'accomplissement du Christ.

TABLE DES MATIÈRES

CHAPITRE PREMIER
DES VARIÉTÉS DE LA PRIÈRE

CHAPITRE SECOND
DE L'IMAGINATION

CHAPITRE TROISIÈME
DE LA CONCENTRATION

CHAPITRE QUATRIÈME
DE LA MÉDITATION

CHAPITRE CINQUIÈME
DE LA CONTEMPLATION ET DE L'ADORATION

Ernest Egerton Wood
(18 août 1883 - 17 Septembre 1965)

Ernest Egerton Wood est né à Manchester, en Angleterre. En raison de son intérêt pour le bouddhisme et le yoga, il étudia le sanskrit à la fin de son adolescence. Il devint membre de la Société Théosophique et s'installa en 1908 à Adyar, en Inde, siège mondial de la Société. Il fut un yogi réputé, théosophe, érudit en sanscrit et auteur de nombreux livres dont, *Concentration*, *Les Sept Rayons*, *Yoga* et *L'Entraînement Occulte des Indous*.

www.ingramcontent.com/pod-product-compliance
Lightning Source LLC
Chambersburg PA
CBHW062013040426
42447CB00010B/2015